BERTA VOLMER

Bratschenschule

Teil I . . . . . . ED 4613
Teil II . . . . . ED 4614

ISMN M-001-05396-9
ISBN 3-7957-5198-5

SCHOTT

Mainz · London · Madrid · New York · Paris · Tokyo · Toronto

Dem Andenken meines verehrten Lehrers
Carl Flesch gewidmet
und Frau Elsie Ellinger,
ohne deren Anregung und entscheidende Mitarbeit
die Schule nicht zustande gekommen wäre.

VORWORT

Diese Schule ist für alle die geschrieben, die ohne Umweg über die Geige das Bratschen=
spiel erlernen wollen, um in möglichst kurzer Frist in Spielgemeinschaften, Collegia
musica und Schülerorchestern mitzumusizieren. Sie richtet sich an Erwachsene und „bei=
nahe" Erwachsene.

Die Schule beschränkt sich auf das Wesentliche und versucht trotz der konzentrierten
Behandlung der technischen Probleme durch Einfügung zahlreicher Duette alter Meister
und zeitgenössischer Komponisten von vornherein das Ziel gemeinschaftlichen Spielens
in den Vordergrund zu stellen.

Der Beitrag zeitgenössischer Komponisten erscheint von diesem Gesichtspunkt aus beson=
ders wertvoll. Deshalb bin ich Prof. Harald Genzmer (Hochschule für Musik Freiburg)
und den Herren Dozenten Paul Breuer und Wilhelm Keller (Musikakademie Detmold)
zu großem Dank verpflichtet.

Berta Volmer

VON DER NOTENSCHRIFT

Für die Bratsche ist am Anfang des Notenliniensystems der Alt= oder C=Schlüssel gesetzt. Sein Platz im Liniensystem ist auf der 3. Linie, wo in diesem Schlüssel das c der eingestrichenen Oktave liegt.

Das Zeichen für den Bratschenschlüssel sieht so aus:

Töne, die über das zweigestrichene e hinausgehen, werden gewöhnlich im Violin= oder G=Schlüssel notiert: (Sein Platz ist auf der 2. Linie des Notenliniensystems, und der darauf notierte Ton ist das g der eingestrichenen Oktave.)

Die Töne der Bratsche, welche innerhalb des Liniensystems notiert werden, heißen:

Die Töne unter dem System:

Die Töne über dem System:

Versetzungszeichen sind ♯ = Kreuz und ♭ = b. Das Zeichen ♮ bedeutet Auflösung des Versetzungszeichens. Durch ein Verset= zungszeichen wird der Ton um einen Halbtonschritt erhöht = ♯ oder erniedrigt = ♭. Durch das Auflösungszeichen ♮ wird die ursprüngliche Tonhöhe wiederhergestellt. Die Namen der erhöhten Noten erhalten die Endung „is" (fis, cis, gis usw.), die der erniedrigten die Endung „es" (ges, ces, des). Statt „hes" heißt es jedoch b.

Die Länge der Noten und Pausen:

Steht hinter einer Note ein Punkt, so bedeutet er, daß die Note um die Hälfte ihres Wertes verlängert wird. Z. B. der Punkt nach einer halben Note hat die Länge eines Viertels (♩. = ♩ ♩ ♩).

Der Takt (vom lateinischen tactus = Schlag) ist eine Einteilung der Zeit und setzt sich aus gleichbleibenden Zählwerten zusammen. Taktarten sind zweizeitige oder gerade Takte: $\frac{2}{2}$ $\frac{2}{4}$ $\frac{2}{8}$ $\frac{4}{2}$ $\frac{4}{4}$ = C $\frac{4}{8}$ $\frac{6}{8}$ etc. und dreizeitige oder ungerade Takte: $\frac{3}{2}$ $\frac{3}{4}$ $\frac{3}{8}$ $\frac{9}{8}$ etc. Die untere Zahl ist die Zähleinheit, und die obere Ziffer besagt, wieviel Zähleinheiten im Takt vorhanden sind.

VON DER BRATSCHE

Die Bratsche (vom ital. viola da braccio) ist gleich der Violine eine „Armgeige", und zwar deren größere Schwester. Die Erlernung des Bratschenspiels setzt neben einer gewissen geistigen und musikalischen Begabung die nötige körperliche Beschaffenheit voraus. Durch die Größe des Instrumentes ist es für Kinder und Erwachsene mit kleinen Händen kaum möglich, mit den weiten Griffen auf der Bratsche fertig zu werden. Aber auch sonst sollte bei der Beschaffung einer Bratsche darauf geachtet werden, daß sie für den Spieler „handlich" ist. Die Meinung, nur eine „große Bratsche" habe einen „großen Ton", ist durchaus irrig.

Die Bestandteile der Bratsche sind die gleichen wie die der Geige: der Resonanzkasten, bestehend aus Decke und Boden, welche durch die Zargen miteinander verbunden sind, die in der Decke befindlichen f= oder Schallöcher und im Innern der Bratsche der Stimmstock und der Baßbalken; weiterhin die Schnecke und der Wirbelkasten mit den vier Wirbeln, der Bratschenhals, das Griff= brett, der Steg, der Saitenhalter, welcher am Knopf befestigt ist, der Kinnhalter und die vier Saiten, welche von guter Qualität sein müssen und wenigstens einmal im Jahr erneuert werden sollten. Die Wirbel der Bratsche müssen so in Ordnung gehalten werden, daß sie weder rutschen noch beim Aufziehen der Saiten schwer zu drehen sind.

Die Bestandteile des Bogens sind: die Bogenstange und die Bogenhaare, die am Frosch, am unteren Ende der Stange und an der Bogenspitze befestigt sind. Mittels einer Schraube, die mit dem Frosch durch ein Gewinde verbunden ist, werden die Bogenhaare gespannt oder entspannt. Bei der Auswahl des Bogens ist darauf zu achten, daß er nicht zu leicht ist. Ein Geigenbogen ist kein Bratschenbogen! Vor jedem Spielen muß der Bogen angespannt und durch zwei= bis dreimaliges Auf= und Abwärtsstreichen am Kolophonium (Bogenharz) eingerieben werden. Nach dem Spielen muß der Bogen zur Erhaltung seiner Elastizität entspannt werden. Mindestens einmal jährlich hat der Bogen eine neue Behaarung nötig.

Instrument und Bogen müssen ständig gepflegt werden. Der Kolophoniumstaub wird regelmäßig entfernt, am besten durch weiches Fensterleder.

Das Stimmen der Bratsche

Die Bratsche ist ebenso wie die Geige und das Cello mit vier Saiten bespannt, die in gleichen Intervallen (in reinen Quinten) gestimmt sind.

Die Töne der vier „leeren" Saiten der Bratsche sind: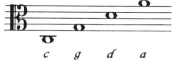

c   *g*   *d*   *a*

Das „a" wird nach dem a der Stimmgabel gestimmt. Es wird dem Schüler nach einiger Zeit nicht schwerfallen, die Quinte der nächst= folgenden Saite zu hören. Bis dahin hilft das Anschlagen der Töne d, g und c auf dem Klavier. Wo kein Klavier zur Verfügung steht, wird in dem vorbildlichen Geigenschulwerk von Doflein vorgeschlagen, z. B. „Kuckuck, Kuckuck ruft aus dem Wald" zu singen. „Wald" ist dann die Quinte zu „Ku" — —.

Das rein technische Verfahren des Stimmens erläutern am besten die nachfolgenden Abbildungen.

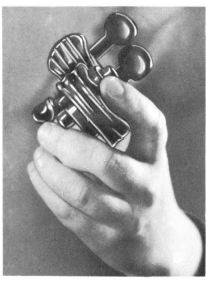

Stimmen der A= und D=Saite (Abb. 1):
Daumen und Mittelfinger stimmen; der Zeigefinger leistet den Gegendruck.

Stimmen der G= und C=Saite (Abb. 2):
Daumen und Zeigefinger stimmen; Ring= und kleiner Finger leisten den Gegen= druck.

Abb. 1   Abb. 2

Das Aufziehen einer Saite

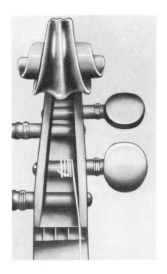

Das äußere Ende der Saite wird festgelegt (Abb. 3):

Die Saite wird aufgerollt (Abb. 4):

Abb. 3   Abb. 4

Die Haltung der Bratsche und des Bogens

„Viele Wege führen nach Rom" heißt es, und so gibt es auch keine „allein richtige" Methode der Bratschenhaltung. Der erfahrene Lehrer — einerlei welche Methode er vertritt — hat das Ziel, dem Schüler eine natürliche, zweckmäßige und der Körperbeschaffenheit des Schülers angemessene Haltung beizubringen. Sogar ein Laie kann vom Optischen her oft sehr gut beurteilen, ob eine Haltung richtig oder falsch ist. Eine unorganische Haltung fällt auf, eine natürliche Haltung nicht.

Die folgenden Abbildungen sollen deshalb keine Methode demonstrieren, sondern nur charakteristische Merkmale einer natürlichen Haltung zeigen.

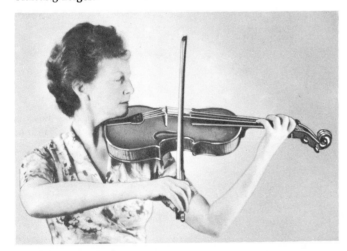

Bild einer natürlichen Haltung der Bratsche (Abb. 5):
Gerade Linie der linken Hand und des Unterarmes.
Ebenso gerade Linie von Hand und Unterarm rechts.

Abb. 5

Korrekte Richtung der Bratsche

Abb. 6

Natürliche Armhaltung an der Spitze; fast gerade Linie zwischen Hand und Unterarm.

Abb. 7

Richtig gehaltener Oberarm am Frosch; gerade Linie zwischen Hand und Unterarm.

Abb. 8

Die folgenden Abbildungen zeigen die Hände von Professor Carl Flesch mit der von ihm anempfohlenen Haltung des Daumens der linken Hand:

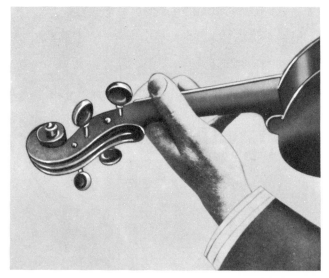

Abb. 9

der Haltung der Finger der Bogenhand:

und der richtigen Stellung des Daumens der Bogenhand:

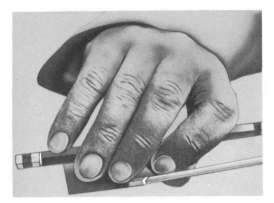

Abb. 10

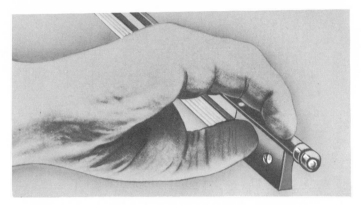

Abb. 11

Schematische Zeichnungen für die Bewegung der Arme beim Saitenwechsel

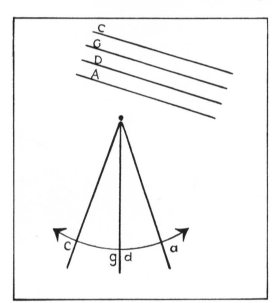

Die Zeichnung soll die Beweglichkeit des l i n k e n Armes beim Saitenwechsel der greifenden Finger darstellen.

Auf der A=Saite wird der Arm mehr nach links gehalten als auf der tiefsten Saite, der C=Saite.

Beim Spiel auf den beiden mittleren Saiten befindet sich der Arm in der Mitte dieses Pendels.

Die Strichebene einer jeden Saite erfordert eine andere Höhe der Armhaltung r e c h t s.

Auf der tiefsten Saite, der C=Saite, muß der Arm fast waagrecht gehalten werden, während er auf der höchsten Saite, der A=Saite, beinahe senkrecht (nahe dem Oberkörper) zu halten ist.

Die halbkreisförmige Bewegung des Armes aus dem Schulter= gelenk heraus verdeutlicht die nebenstehende Zeichnung.

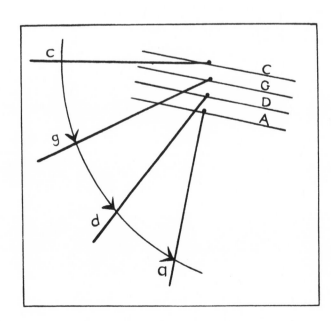

ZEICHENERKLÄRUNG

⊓ = Abstrich

∨ = Aufstrich

♪♪♪ oder ♪♪♪ = kurze Striche

♩♩♩ = breite Striche

‿ = unter einem Bogenstrich gebundene Noten

G. B. = ganzer Bogen

u. H. = untere Bogenhälfte

o. H. = obere Bogenhälfte

M = in der Bogenmitte

H = halber Bogen

Fr. = am Frosch

Sp. = an der Spitze

’ = den Bogen ein wenig von der Saite nehmen

Die Ziffern über den Noten bedeuten die Finger:

1 = Zeigefinger

2 = Mittelfinger

3 = Ringfinger

4 = kleiner Finger

o = leere Saite

Ein Strich 1⎯⎯⎯⎯⎯
bedeutet, daß der betreffende Finger
auf der Saite liegenbleiben soll.

arco = gestrichen

pizz. = pizzicato = gezupft

Die ersten Bogenübungen auf leeren Saiten

Diese Strichübung auf allen Saiten üben und dabei auf die verschiedene Saitenlage
des Armes achten. (Siehe Abbildung auf Seite VII)

Übungen für den Saitenwechsel
(Bewegung des Schultergelenkes beachten!)

2

6 Diese Übung ist auch in der oberen Bogenhälfte auszuführen

7 Norwegischer Tanz (Hallig)

arr. Paul Breuer

Lehrer

Schüler

Das Aufsetzen der Finger
der linken Hand in der ersten Griffstellung
(Der Halbton liegt zwischen dem 2. und 3. Finger)

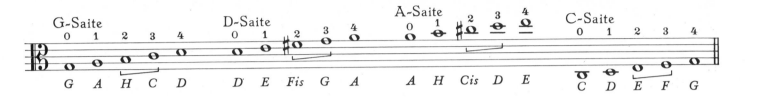

Die Saiten werden bei den folgenden Übungen zum ersten Aufsetzen der Finger gezupft. Der Bogen wird aus der Hand gelegt. Der Daumen der rechten Hand stützt sich gegen die Kante des Griffbretts, und der Zeigefinger zupft die Saiten.

anonym

9 Menuett

anonym

9 a) Alte italienische Tanzmelodie

Erste Übungen zum gleichzeitigen Greifen und Streichen

11 Kleine Etüde

Diese Etüde auch mit folgenden Stricharten üben:

1.) in der o. H.   2.) u. H. beides in Vierteln   3.)   usw.

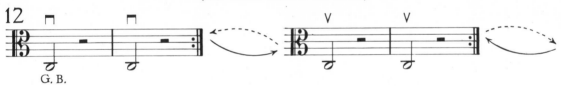

Übungen für das Schultergelenk
(auf allen Saiten zu üben)

12

Terzen
Es gibt große und kleine Terzen
große Terzen = 2 Ganztöne, kleine Terzen = 1 Ganzton und 1 Halbton

13 Kleine Noten als Hilfsnoten stumm greifen

Dreiklang

Ein Dreiklang wird gebildet von einem Grundton, dessen Terz und Quinte. Hat ein
Dreiklang eine große Terz und reine Quinte, ist es ein Dur-Dreiklang.

18 Gavotte

Chr. Petzold 1677 - 1733

19 Menuett

W. de Fesch 1695-1758

20 Organum

Wilh. Keller
Für diese Schule komp. Juni 1953

Gleichzeitiges Streichen von 2 Saiten

Das gleichzeitige Streichen zweier Saiten erfordert einen etwas größeren Bogendruck.
Saitenlage des rechten Armes beachten.

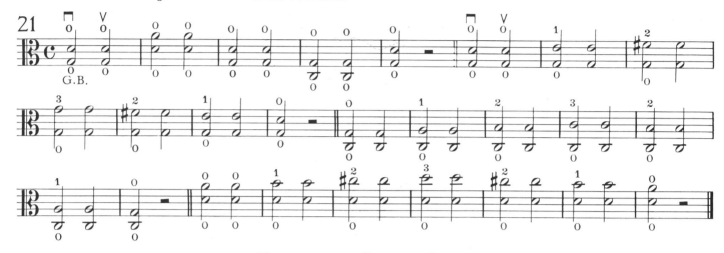

Die zweite Griffstellung
(Der Halbton liegt zwischen dem 1. und 2. Finger)

26 Choral (gemessen)

Paul Breuer
Für diese Schule komp. Juni 1953

Moll-Dreiklänge

Der Moll-Dreiklang wird gebildet von einem Grundton, dessen kleiner Terz und reiner Quinte.

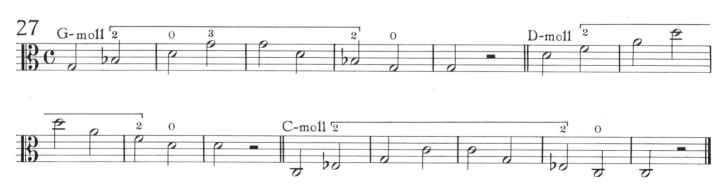

28

29 a) Gebundene Noten

b)

auf allen Saiten üben

c)

Diese letzte Übung auf allen Saiten auch mit folgenden Stricharten:

1. usw.   G.B.   o.H.   G.B.   u.H.

2. usw.   u.H.   G.B.   o.H.   G.B.

d)

30 Bindungen von Noten mit ungleichem Wert

31 Alter englischer Krönungsmarsch

Synkopen

Werden 2 Noten derselben Tonhöhe so gebunden, daß der schlechte Taktteil in der Bindung vor dem guten steht – die Betonung also auf dem schlechten Taktteil liegt –, entsteht eine Synkope.

32 a)

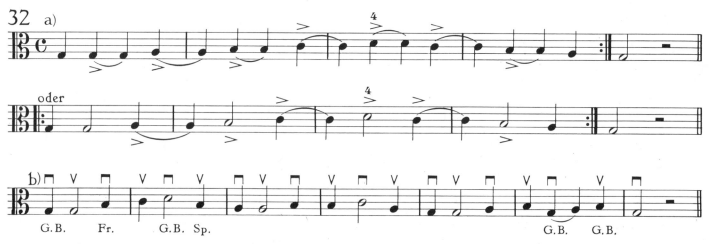

oder

b)

c) Synkopische Bindungen im 3/4 Takt

33 Duett

Gastoldi (um 1556-1622)

Violine
Lehrer

Viola
Schüler

34 Übungen zum freien Aufsetzen des 4. Fingers

35 Sehr ruhig und ausdrucksvoll

Paul Breuer
Für diese Schule komp. Juni 1953

Lehrer

Schüler

36 Menuett

Corelli, 1653-1713

Violine Lehrer

Viola Schüler

37 a) Die C-Dur Tonleiter durch 2 Oktaven

Diese Tonleiter auch auf folgende Arten üben:

b)

1. G.B.

2. G.B. o.H.

3. u.H. G.B.

20

Intervalle

40 a) Terzen

b) Quarten

c) Quinten (reine Quinten liegen sich gegenüber)

*) verm. Quinte

Die kleine Sexte ist einen halben Ton höher als die reine Quinte, die große Sexte einen ganzen Ton höher als die reine Quinte.

d) Kleine und große Sexten

Die große Septime ist einen halben Ton tiefer als die reine Oktave, die kleine Septime ist einen ganzen Ton tiefer als die reine Oktave.

e) Große und kleine Septimen und Oktaven

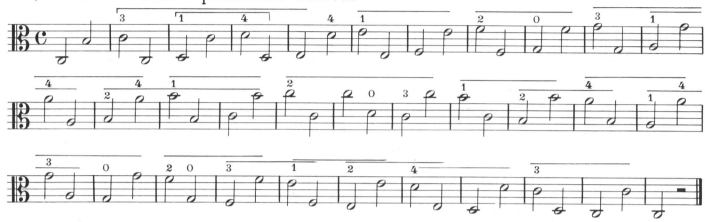

Der Dominantseptimenakkord

Ein Vierklang oder Septimenakkord entsteht, indem einem Dreiklang noch die Septime hinzugefügt wird. Der Dominantseptimenakkord ist von diesen Vierklängen der wichtigste. Er wird auf der Dominante, der 5. Stufe der Tonleiter, gebildet. Er besteht aus einem Dur-Dreiklang und der kleinen Septime des Grundtones. Die Terz und Septime bilden eine verminderte Quinte.

Übungen für das Schultergelenk

Zur Befestigung der 1. und 2. Griffart:

44 Etüde

Wohlfahrt

Stricharten:

24

45 Etüde   Wohlfahrt

Stricharten:

1.   G.B.   o.H.   G.B.   u.H.   2.   G.B.   o.H.   G.B.   u.H.

Paul Breuer
Für diese Schule komp. 1953
46 Scherzando

Lehrer

Schüler

Die dritte Griffstellung
(Der Halbton liegt zwischen dem 3. und 4. Finger)

27

D-Dur-Tonleiter mit folgender neuer Bogenstrichart

a)

Jede Achtel-Note bekommt eine Drittel-Länge des Bogens. Der Bogen wird während der Pausen *nicht* von der Saite gehoben.

Die A-Dur-Tonleiter mit folgender Strichart

Die E-Dur-Tonleiter mit folgender Strichart (wenig Bogen in der Mitte)

50 Menuett aus der Barockzeit

anonym

Schüler

Lehrer

51 a) Weitere Synkopen-Übungen

Fr.

Dieselbe Übung in verkleinertem Notenwert

b)

Harald Genzmer
Für diese Schule komp. Juni 1953

52 Andante

Violine
Lehrer

Viola
Schüler

53 a) Die G-Dur-Tonleiter

b) Der tonische Dreiklang von G-Dur

c) Der Dominantseptimen-Akkord von G-Dur

d) Dreiklang in Verbindung mit dem Dominantseptimen-Akkord

54 Schnelltanz

Purcell 1658-1695

Bogenübungen im punktierten Rhythmus

Vor dem Achtel am Frosch den Bogen ein wenig von der Saite heben.

55 a)

Beispiel zu a)   Beispiel zu b)

G.B. ¾ Bg. Fr.   G.B. ¾ Bg. Fr.

b)

Bei den punktierten Achteln Bogen *schnell* hinaufstoßen; statt des Punktes eine Pause machen und den Bogen vor dem Sechzehntel von der Saite heben: Auf gute Bogeneinteilung achten!

Das punktierte 8tel erhält ¾ der Bogenlänge, das 16tel nur ein Viertel.

Vor der 8tel-Note eine kleine Pause machen. Der Bogen muß während dieser Pause *fest* auf der Saite liegen bleiben.

Beispiel:

¾ Bg.   Sp. G.B.

c)

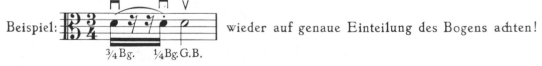

Bei der ersten Note den Bogen *schnell* herunterziehen, während der Pause *fest* auf der Saite liegen lassen und das 16tel scharf an der Spitze stoßen: Die halbe Note muß unmittelbar auf das 16tel folgen.

Beispiel: wieder auf genaue Einteilung des Bogens achten!

¾ Bg.   ¼ Bg.G.B.

d)

56 a) D-Dur-Tonleiter durch 2 Oktaven

b) Der D-Dur Dreiklang

c) Der Dominantseptimen-Akkord von D-Dur

d) Der tonische Dreiklang und Septimenakkord von D-Dur

57 a) Terzen

b) Sexten

58 Allegro

G. F. Händel 1685-1759

Schüler

Lehrer

59 Etüde

G.B. o.H. ...... G.B. u.H. ......

Die vierte Griffstellung

Ein Halbton liegt zwischen der leeren Saite und dem 1. Finger, ein weiterer
Halbton zwischen dem 3. und 4. Finger

60

Finger nach Möglichkeit liegen lassen!

61 Passepied
Allegro

G. F. Händel 1685-1759

62 a) Die Es-Dur Tonleiter

b) Die As-Dur Tonleiter

c) Die Des-Dur Tonleiter

63 Marsch

Anonym. Meister der Barockzeit

64 a) Terzenübung mit der 4. Griffart

65 Doppelklänge mit einer leeren Saite

66 Chanson

W. Keller
Für diese Schule komp. 1953

Violine
Lehrer

Viola
Schüler

Fine

Fine

D.C. al Fine

67 Etüde (zur Festigung der 4. Griffart)

Wohlfahrt

Die fünfte Griffstellung

(Der Halbton liegt zwischen der leeren Saite und dem 1. Finger)

68 Übungen in der 5. Griffart (Finger liegen lassen)

69 Die F-Dur Tonleiter

70 Menuett

Anonym. Meister d. Barockzeit

Violine / Lehrer

Viola / Schüler

71 Triolen = dreizeitige Teilung von zweizeitigen Notenwerten

Es ist gut, jedes erste Triolen-Achtel etwas zu betonen.

Gebundene Triolen

72 a) Der Dreiklang und Septimenakkord von F-Dur

b) Terzen

c) Sexten und Septimen

d) Oktaven

73 Vivace

Snow 1770*

Bogenübungen

Mit je einer drittel Bogenlänge am Frosch, in der Mitte und an der Spitze üben.

74

Diese Übung auch im Triolenrhythmus – ebenfalls am Frosch, in der Mitte und an der Spitze – üben.

76 Etüde (zuerst ohne Bindung) Wohlfahrt

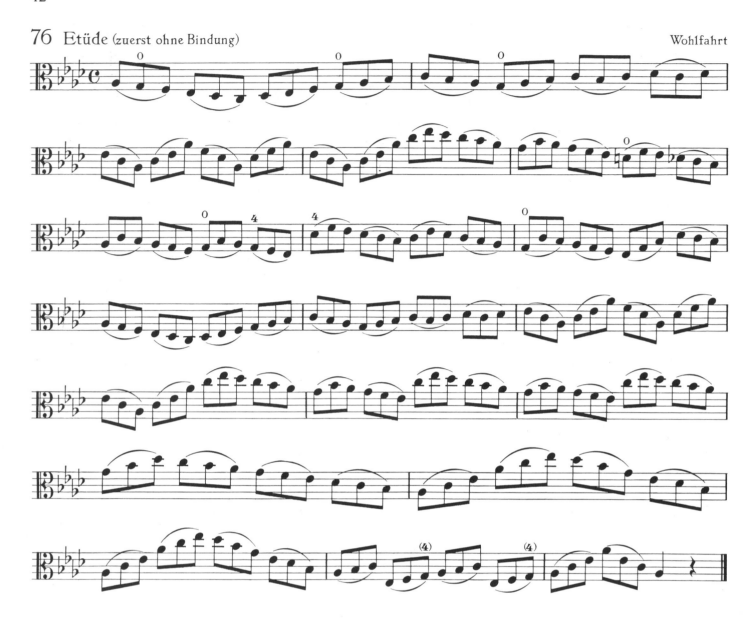

Der gehämmerte Strich (Martelé)

Der gehämmerte Bogenstrich gehört in die Gruppe der „kurzen Striche". Wichtig für die Ausführung dieses Striches ist die Pause nach jeder Note. Der Bogen bleibt in der Pause *fest* auf der Saite liegen und gibt damit dem *rasch* und energisch geführten Strich – mit nicht *zuviel* Bogendruck – die natürliche Bremse.

Beispiel: Ausführung:

77 Übung für den gehämmerten Strich

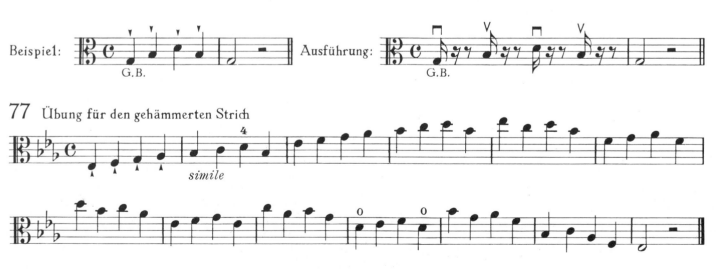

78 Rondo

Purcell 1858–1895

Schüler

Lehrer

Fine

D.C. al Fine

79 a) Die B-Dur Tonleiter

b) Der tonische Dreiklang und Septimenakkord von B-Dur

c) Terzen

80 Etüde (o. H. und u. H. üben)

Wohlfahrt

Stricharten zur Wohlfahrt-Etüde: 1.

o. H. martelé

2.

u. H.   G. B.   o. H.   G. B.

3.

G. B.   o. H.   G. B.   u. H.

4.

G. B.

81 Allegro

G. F. Händel 1685-1759

Schüler

Lehrer

Bogenübung im 6/8 Takt

𝄡 = den Bogen *vor* dem Achtel am Frosch ein wenig von der Saite heben.

82 a)

83 Allegro

Schüler

Lehrer

anonym

84 Etüde

Wohlfahrt

Stricharten:
a) Zwei Noten gebunden
b) Ganze Takte gebunden

85 Quintenübung

86 Fingerübungen in der 5. Griffart

87

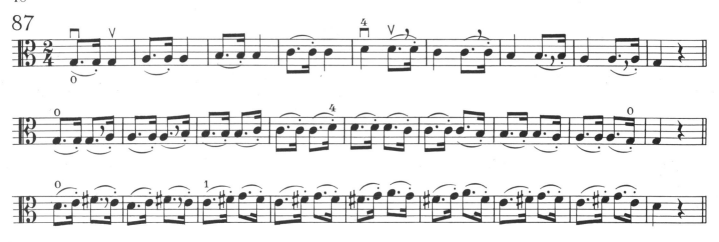

Wieder darauf achten, daß der Bogen nach dem punktierten Achtel an der Spitze fest
liegen bleibt, während er am Frosch vor dem Sechzehntel etwas aufgehoben wird!

88 Etüde

Campagnoli, 1751-1827

Paul Breuer
Für diese Schule komponiert 1953

89 Marschmäßig (lustig)

Lehrer

Schüler

90 a) Die Es-Dur-Tonleiter durch 2 Oktaven

50

b) Der tonische Dreiklang und Septimenakkord von Es-Dur

c) Terzen

d) Quinten und Sexten

91 Bogenübungen (auf allen Saiten üben) ǀ = Bogen etwas von der Saite heben

a)

u.H.

usw.

b)

usw.

92 Kleine Etüde mit den vorher geübten Stricharten

auch diese kleine Etüde in Triolen üben

usw.

94 Vorbereitende Übung zum geworfenen Bogenstrich

in dem unteren Drittel des Bogens zu üben
Der Bogen berührt die Saite nur kurz.
Der Arm beschreibt eine kreisförmige Bewegung.

Der geworfene Bogenstrich

Der geworfene Bogenstrich gehört zu den „kurzen Strichen". Aus einer Höhe
von ca. 3 cm. wird der Bogen auf die Saite geworfen: zu der waagerechten
Strichbewegung= ___ kommt die senkrechte = I beide Bewegungen zusammen
⊥ ergeben einen Halbkreis ⊔ resp. eine Pendelbewegung.

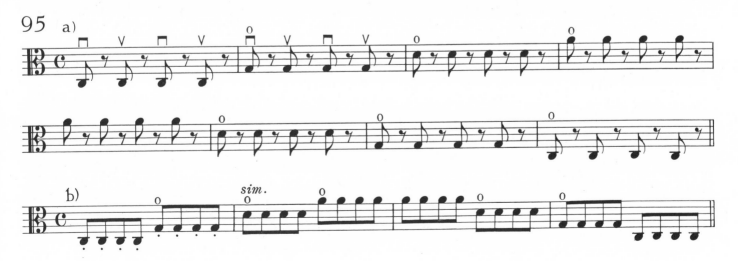

96 a) Kleine Etüde im Wurfbogen

b) Wurfbogenübungen mit Saitenwechsel

auch auf der
G-D-Saite und
D-A-Saite üben

97 Duett

Pleyel 1757-1831

Schüler

Lehrer

98 Kleiner Kanon
Munter

Albrecht, Prinz von Hohenzollern
Für diese Schule komp. Mai 1953

Schüler

Lehrer

99 Etüde (in der unteren Hälfte als Wurfbogen-Übung)

Wohlfahrt

100 Musette

J. S. Bach 1685-1750

101 a) Die Des-Dur-Tonleiter

b) Übung in Des-Dur

sim. Finger möglichst liegen lassen

c)

d)

102 Menuett

anonym

Violine
Lehrer

Viola
Schüler

103 a) Übungen für den Wurfbogen in Triolen

*) Für das letzte Viertel der Takte nur ⅔ der Bogenlänge benutzen, danach den Bogen ein wenig von der Saite heben vorbereitend für die folgenden geworfenen Triolen.

104 a) Die As-Dur-Tonleiter

b) Übung in As-Dur

c) gebundene Terzen

105 Rhythmische Bogenübung

*) Die Viertel-Note mit dem Punkt wieder am Frosch anfangen. Bogen sparen, um für die geworfenen Achtel-Noten an der Stelle des Schwerpunktes zu sein.

106 Andantino

G. F. Händel 1685-1759

Schüler

Lehrer

107 Punktierte Noten in gebundenen Bogenstrichen

a)

b)

c)

Strichart:
mit wenig Bogen am Frosch, in der
Mitte und an der Spitze üben.

108 Vorübung zur Etüde von Wohlfahrt (Vor- und Zurücksetzen der Finger)

Etüde

Wohlfahrt

G.B.   o.H.   G.B.   u.H.

109 Übungen zum Strecken des 4. Fingers (4. Finger möglichst liegen lassen!)

110 a) Die A-Dur-Tonleiter

*) in der halben Lage greifen
(siehe nächste Seite)

b) Terzen

111 Borrée

Purcell 1658-1695

Violine
Lehrer

Viola
Schüler

Der Siciliano (alter sizilianischer Hirtentanz) steht meistens im 6/8 Takt und wurde
schon in der Musik des 17. Jahrhunderts vielfach verwendet.

112

G.B.

Derselbe Rhythmus
ohne Bindung:

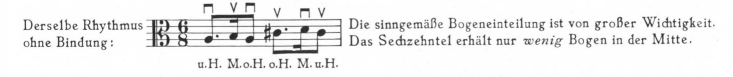

Die sinngemäße Bogeneinteilung ist von großer Wichtigkeit.
Das Sechzehntel erhält nur *wenig* Bogen in der Mitte.

u.H. M.o.H. o.H. M.u.H.

Die halbe Lage

Die weite Streckung des 4. Fingers ist auf der Bratsche oft recht unangenehm. Man kann sie vielfach dadurch vermeiden, daß man statt des 4. Fingers z. B.  den 1. Finger in der halben Lage der nächst höheren Saite aufsetzt. Die Beherrschung der halben Lage ist von diesem Gesichtspunkt aus für jeden Bratscher sehr wichtig.

113 a) Übung in der halben Lage (Sattellage)

b) Nach einer Etüde von Alard

114 Musette

anonym

115 a) Die E-Dur-Tonleiter durch 2 Oktaven

b) Der E-Dur-Dreiklang

c)

116 Menuett

Corelli 1653-1713

Violine
Lehrer

Viola
Schüler

62

Der zweimalige Gebrauch desselben Fingers

117 a)

b) Die chromatische Tonleiter

118 Wohlfahrt - Etüde Strichart a) = 2 Achtel gebunden b) = 6 Achtel gebunden

Die Moll-Tonleiter

Zu jeder Dur-Tonleiter gehört eine Moll-Tonleiter, welche die gleichen Vorzeichen wie ihre Dur-Tonleiter hat und auf ihrer 6. Stufe gebildet wird. (z. B. C-Dur: die 6. Stufe ist a = a-moll.) Es gibt 2 Arten von Moll-Tonleitern: die harmonische und die melodische Moll-Tonleiter. Während vor Bach die alte Kirchentonart, die äolische, als Moll-Tonleiter gebräuchlich war, verlangte die neuere Zeit die Erhöhung der 7. Stufe, des sogenannten Leit-Tones, zum Grund-Ton. Durch die Erhöhung entstand eine übermäßige Sekunde, das charakteristische Intervall der harmonischen Moll-Tonleiter. Um dieses Intervall zu vermeiden, wurde in späterer Zeit beim Aufwärtsgehen auch schon der 6. Ton erhöht. Beim Abwärtsgehen verliert die 7. Stufe ihren Charakter als Leit-Ton, sie wurde wieder erniedrigt, und infolgedessen konnte auch die 6. Stufe wieder erniedrigt werden.

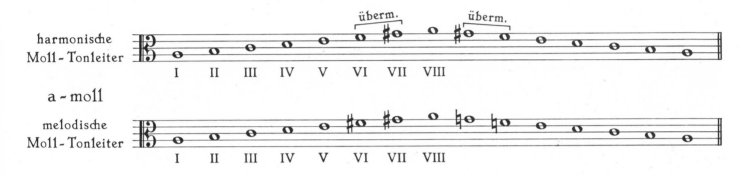

Übungen mit dem Intervall der übermäßigen Sekunde

Übermäßige Streckungen der Finger sind auf der Bratsche immer mühsam. Die in Klammern gesetzten Fingersätze geben an, wie diese Streckungen sinngemäß vermieden werden können.

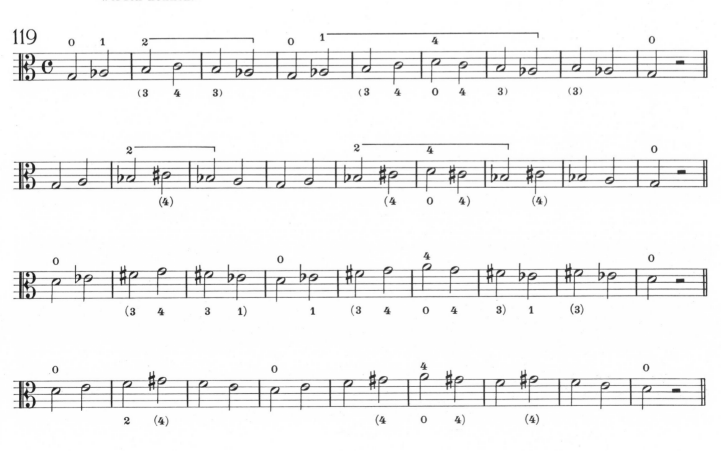

64

123 a) Die harmonische d-moll-Tonleiter (2 Oktaven)

b) Der d-moll-Dreiklang

c) Die melodische d-moll-Tonleiter

d) Terzen (melodisch)

e) Quarten

124 Andantino

G. F. Händel 1685-1759

125 Übung für das Vor- und Zurücksetzen des 3. Fingers

Der tonische Dreiklang von d-moll in Verbindung mit dem Dominantseptimen-Akkord

126 a)

Der tonische Dreiklang von d-moll und Unter-Dominant-Dreiklang und Septimen-Akkord

b)

127 Air — Purcell 1658-1695

128 a) Verminderter Septimen-Akkord von d-moll

b) Tonischer Dreiklang und verminderter Septimen-Akkord von d-moll

129 Air — anonym

130 a) Die g-moll-Tonleiter (harmonisch)

b) Der tonische Dreiklang von g-moll

c) Die melodische g-moll-Tonleiter

d) Terzen

131 Air

Purcell 1658-1695

Schüler

Lehrer

132 Sarabande

A. Corelli 1653–1713

Schüler

Lehrer

Bogenübungen

Die 16 tel werden abwechselnd mit *kleinen* Strichen am Frosch und an der Spitze gespielt.

133 a)

Fr.   G. B.   Sp.   G. B.

134 Etüde

Wohlfahrt

135 a) Die harmonische C-moll-Tonleiter

b)

c) Die melodische C-moll-Tonleiter

136 Bogenübung

' = bedeutet wieder den Bogen ein wenig von der Saite heben. Das erste Achtel des Taktes muß ungefähr ¾ des Bogens erhalten, das zweite nur ¼ des Bogens am Frosch.

137 Etüde

Wohlfahrt

138 Impertinence
Vivace

G.F. Händel 1685-1759

Schüler

Lehrer

139 Allegro alla marcia

Rudolf Petzold
Für diese Schule komp. Dez. 1953

Violine
Lehrer

Viola
Schüler

140 a) Die e-moll-Tonleiter (harmonisch)

b) Der e-moll-Dreiklang

c) Die melodische e-moll-Tonleiter

d) Der tonische Dreiklang und Dominant-Septimen-Akkord

e) Terzen

141 Menuett

Geminiani 1674-1762

Die ersten dynamischen Übungen

Die Dynamik (vom griechischen dynamis = Kraft) ist im musikalischen Sinne die Abstufung der Tonstärke, die ein wesentliches Mittel des musikalischen Ausdrucks ist. In der unendlichen Kette dynamischer Möglichkeiten sind 3 besonders hervorzuheben:

  1. *Kontrastierende Stärkegrade* (die z.B. den Kern der Barock-Dynamik bilden) sind der Wechsel „starken" Tones (*f*) und „schwachen" Tones (*p*)

  2. *Allmählich abgestufte Stärkegrade:* Unentbehrliches Ausdrucksmittel aller späteren Musikepochen, vor allem der Romantik, sind die anschwellenden (*crescendo* <) und abschwellenden (*decrescendo* >) Klänge.

  3. *Akzentuierte Stärkegrade* *fp–sf – >* (Dieser Teil wird im 2. Teil dieser Schule behandelt.)

142 a) *f* = größerer Bogendruck *p* = geringerer Bogendruck
f o. H. viel Bogen   *p* Mitte wenig Bogen   usw.

b)

143 Sarabande   Corelli 1653-1713

Violine Lehrer

1. × *f*
2. × *p*

Viola Schüler

Fine *f*

144 Duett

Gastoldi 1556-1622

145 Etüde
Largo

Wohlfahrt

146 Sarabande

G. F. Händel 1685-1759

Schüler

Lehrer

Bogentechnischer Anhang

Diese Etüde ist mit den folgenden Stricharten eine Ergänzungs-Studie der elementaren Stricharten des 1. Teiles dieser Schule.

82

INHALT